Moon Hyun-Mi

시인 문현미

아버지의 만물상 트럭

시인 문현미

부산에서 태어나, 경남여고, 부산대학교 국어교육학과를 졸업하였고, 독일 아헨(Aachen)대학교(RWTH)에서 문학박사학위(한독비교문학)를 취득하였으며, 독일 본(Bonn)대학교 한국어학과 교수를 역임하였다.
1998년『시와시학』으로 등단하여 2008년 제9회 박인환문학상, 2011년 제28회 한국크리스천문학상을 수상하였고, 현재 백석대학교 국어국문학과 교수로 재직 중이다.
시집으로『기다림은 얼굴이 없다』,『칼 또는 꽃』,『수직으로 내리는 비는 둥글다』,『가산리 희망발전소로 오세요』가 있고, 번역수필집으로 안톤 슈낙의『우리를 행복하게 하는 것들』과『사랑만들기』가 있으며, 라이너 마리아 릴케의『릴케문학선집 1권(나의 축제를 위하여)』과『릴케문학선집 3권(말테의 수기)』을 번역하였다.

E-mail : hyunmi@bu.ac.kr

아버지의 만물상 트럭

지은이 | 문현미
펴낸이 | 김재돈
펴낸곳 | 도서출판 시와시학
1판1쇄 | 2012년 4월 20일
출판등록 | 2010년 8월 10일
등록번호 | 제2010-000036호
주소 | 서울 종로구 명륜동1가 42
전화 | 744-0110
FAX | 3672-2674

값 10,000원

ISBN 978-89-94889-30-6 03810

문현미 시집

아버지의 만물상 트럭

시학
Poetics

■ 시인의 말

바람의 눈을 읽고 있을 때가 있다
어둠 속에서 바람의 소리 울음을 엿듣는다

있는 듯 없는 듯
바람의 손끝에서 모든 존재가 흔들린다

어둠의 무게를 벗어날 수 있는 길을 찾는다
그러나 그 가운데 있을 때 빛을 만날 수 있고
빛으로부터 우리 존재를 이끌어 낼 수 있다
알에서 깨어나려면 어둠의 시간이 필요하다
긴 어둠이 사라지는 언저리에서
풀잎 이슬의 잔향을 온몸으로 느낀다

수천 갈래 바람의 골짜기에서
비밀의 화원을 향해 하늘 길을 날아오른다

이름이 가난한 사람들의 착한 냄새가 따습다

2012년 초봄
문현미

차 례

제1부

제2부

제3부

제4부

제1부

푸른 비밀

새들은 돌아보지 않는다

하늘 화폭에
몸붓으로 묵화 한 점 남길 뿐

아득하게 빛나는 여운의 은유 너머
허공 몇 가닥이 힐끗

끊어질 듯 이어지며
바람 계단을 오르내리는

저 내밀한
무한 고요의
빈 몸들

소금섬

다음 바람이 앞선 바람의 시간을 덧씌운다

섬마을 저 너머 붉은 해당화 한 송이가
제 몸 깊은 곳에서 혼신으로 꽃술을 끌어올린다

아직 소금꾼은 집에 가지 못하고
하얀 가을걷이의 전언을 읽으며 하늘 농사를 짓고 있다

얼굴 없는 바람의 그림자가 유난히 멀리 흩어지고
소금 수레에 그득히 반짝이는 마른 짠맛의 뼈들……

어느덧 막배가 비릿한 고요를 싣고 들어서고
한참 휘어진 어깨가 홀로 어둑해지며
소금을 거둔 자리가 그 옛날 초분같이 저문다

섬과 사람이 노을의 가락으로 어울리는 시간

내 속에 있는 상처 입은 아이에게 손을 내밀어야겠다

바람은 해종일 외출 중이다

길 위의 화원

1

진홍 달리아보다 더 짙은 고추잠자리가 심장을 스쳐 갔다
눈부신 넝쿨 바람에 영광화원 간판이 하늘을 반짝인다

한쪽 팔이 없는 주인아저씨의 어진 눈빛이 문을 열고
늦은 오후의 햇살이 어둠 한 장을 미리 넘긴다
느린 고요의 속도로 꽃대를 쓰다듬는 손가락 사이로
사위어 가는 이파리들이 헛길을 따라 흘러내린다

바람비에도 꺾이지 않고 열정으로 밀어 올린 상징들이
찌그러진 플라스틱 쓰레기통으로 들어가고 시든 양심과
피다가 만 꿈들과 비밀의 잔뿌리들도 같이 던져진다

꽃그늘의 순연한 무늬가, 도도한 꽃의 발색이 오롯하게

한 다발씩 혹은 몇 송이씩 고요의 향기로 자욱하다

2

세상 모든 꽃들은 단 며칠의 영광을 위해 존재하고
그때를 떠올리는 기억들은 모두 경쾌하다 그러나
꽃의 아름다운 한때는 온몸으로 다가오는
낙화의 순간을 그리며 완성의 시간을 기다린다

생각의 줄기를 더듬는 동안 구수한 말꽃들이 피어난다

"됐시유! 오메, 지가 맨든 것이긴 한디, 참말로 이쁘제!
누가 받을진 몰라도 이 꽃만큼 행복했으면 좋겠네유—"

녹색 정적의 휘장이 걷히고 화원에서 점점 멀어지고
길 없는 사막에서 회오리바람의 힘으로 피는
한 송이 불멸이 되고 싶다고 하염없이 돌아가는

바람 나그네

바람결에 언뜻,
눈물 없는 소리 울음을 들은 적 있는가

흩어졌다 다시 몰려 쌓이는
수천 겹 바람의 지층
얼마나 가파른 어둠의 협곡을 넘어왔을까

쏴아— 쏴아— 아우성치며 온몸으로 휘몰아 가는
선천성 유목의 날개 아래
사무치게 날카로운 시간이 스쳐 지나간다

있는 듯 없는 듯 허공의 벼랑을 오르내리며
투명의 눈동자를 수직으로 지향하는

무한 공중의 거대한 자유여, 힘이여

무게가 무게로 느껴지지 않는 속도로
화엄 산맥을 넘나드는

천의 얼굴을 지닌

무소유

하늘 밥무덤*

수백 년 그대로 물결 논 모양 따라 농부와 소가 발을 맞춘다 워—이랴— 욕심 없는 써레질 속에서 벼 한 톨이 여물어 간다 자칫 한눈팔다가 천 길 바다 아래로 떨어질 소와 농부의 동행이 해풍을 맞으며 단단한 고리로 이어진다 한 다랑이라도 더 만들어 살아 보려고 울 아배의 아비와 어매의 어미는 손바닥만한 땅을 일구어 내셨다 바다 발치부터 산의 칠부 능선까지 108계단 굽이치는 산비알에서 밥 한 그릇은 경전이었다

스무 살 새색시 울 어매는 시집온 첫날부터 눈물밥으로 한 뼘 목숨의 이랑을 이어 나갔다 굴곡진 고샅길 따라 어매의 풋꿈은 묻혀 버리고 어찌 살까 싶던 어느 태풍 오던 날 아배는 헛발 디뎌 다랑 계단 너머 쇠스랑 들쳐 메시고 먼 길로 가셨다 비탈진 시간을 호미 허리춤에 붙들고 견뎌 온 어매도 파꽃 같은 머리를 흔들며 혼잣말을 내뱉곤 하셨다 "살살 정을 붙이니께 살살 살아지제!" "하모, 목심보다 더 찔긴 게 어디 있노? 한 번 살제, 딱 한 번뿐이다 아이가?" 해마다 밥무덤에 햇밥

을 묻어 두시던 어매도 이제 우두커니 하늘 밥무덤이 되셨다

* 밥무덤 : 남해군 가천마을 제의의 한 양식. 풍작과 무사안녕을 기원하기 위해 제사를 지낸 후 제삿밥을 한지에 싸서 밥무덤에 묻어 둠.

그리움의 비탈에 서다

외동딸이 시집을 갔다 집에 들어서자마자 맨 먼저 눈길이 간다 딸의 방 쪽으로 아빠! 하고 부르는 소리 그림자를 따라 그리로 흐른다 어제는 잠깐 산책을 하러 나간 사이 딸이 왔다가 갔는지 티브이에 붙은 노란 쪽지 "아빠, 안 계시네요. 책 가지고 가요. 담에 뵐게요. 사랑해—" 아직 마르지도 않은 먹빛에 철썩 붙어버린 자동형 애비, 후드득 눈물방울이 염소 똥 같다 늙은 애비의 가슴팍에 무장무장 눈에 밟히는 흑백사진 한 장, 향깃한 허공의

거기

모든 날것과 들것, 남루의 흔적조차 경계를 허물며
하나의 점으로 사무치게 흡수되는
처음부터 끝까지 속도의 진화를 거부하는
원초적 본능이 황홀의 닻을 내리는
직선과 곡선의 기억들이 무한다정의 차일 아래
소리없이 교차하는
우리의 겉과 안이 양수처럼 흐물흐물 포개지는
차마 쏟아 내지 못한 음절들이 잠 속으로 빠져드는
끝없이 떠돌던 허기도, 적막의 칼날도 녹아 내리는
똑같은 울음이 뜨겁게 함께 흐르고 흐르는

그저 돌아가고 싶은 선천성 설렘의
거기

우문우답

입 안이 시끌시끌 장터가 되어 갈수록 식탁에는 어설픈 고요가 내려앉고 있었다 그때 느닷없이 옆에 있는 목사가 쑤욱 고개를 빼며 물었다 "시와 행정의 차이가 뭐라고 생각하시는지요?" 나는 고은의 시 「그 꽃」으로 선문답을 했다 "내려갈 때 보았네 올라갈 때 보지 못한 그 꽃" 그러자 앞의 목사가 그 시를 한국말로 통역해 볼까요 했다 "철들자 망령이라고 하지요" 여기저기 입에서 일용할 양식이 쿡— 쿡— 삐져나왔다 시와 행정과 밥과 반찬이 저녁 시간 속으로 뒤범벅되어 들어갔다 잠시 정지된 시詩와 시간 사이, 모호한 삶의 경계 속에서 말의 밥알들이 시가 되었다 순식간에 아무것도 예정된 것이 없는 저녁답에

눈먼 편지

곡우 내리는 봄날
그 속에 너 있다

파릇파릇 돋아나는 새순의
연둣빛 그 속에 너의 눈망울 있다

봄 향기 자욱한 바람 편지 속에
반가운 소식인 듯 들려오는 너

그 목소리 속에 나 젖어 있다
너 없는 빈 방의 메아리처럼

불안을 읽다

한 살 때부터 따뜻한 불안을 느꼈다
젖으로부터 멀어질수록 불안이 확장되어 갔고

거짓말처럼 불안을 덮어 줄 듯한 사랑이
환상 속에 찾아왔을 때에도 눈의 초점은 여전히 잰
걸음이었다

코 흘리는 새끼들이 치맛자락 끝에서 갓 태어난 입
말로
옹알이했을 때에도 만성 편두통의 틈새를 따라다
녔다

울퉁불퉁한 습관의 터널을 겨우 지나 단잠의 속도로
숨을 내뱉으려는 지금, 여기 이 자리

불안의 안락의자에 앉아서 바지랑대 시간을 묵은 빨
래같이
빨고 있다, 조용한 시간의 고문이 목까지 차오르고

불면의 흰 광목을 날마다 다림질한다, 있다와 없다의
공통분모에 대해 아주 가볍게 천기누설 하고 있다

바다의 시간

1

아무것도 보이지 않아도 내부를 볼 수 있고 들을 수 있는
그런 시간이 있다
몸빛의 욕심을 비우고 온몸을 열어 가만히 한없이 다가가는
그런 시간이 있다
캄캄한 침묵 속에서 산호 벽에 부딪혀 둥둥둥…… 물의 비닐이 벗겨지는
그런 시간이 있다
나도 없고 너도 없는 신께서 빚으신 북소리에 빨려 들어가는
그런 시간이 있다
명징과 고요와 광활과 평화가 어우러져 하늘의 비의가 쏟아지는
그런 시간이 있다
날짐승이나 들짐승이나 꽃이나 나무나 돌들에 이르기까지

모든 산맥과 모든 바다를 건너 불어오는 바람의 야생을 엿듣는
그런 시간이 있다
있다와 없다가 오롯이 사라지는 경계의 능선 너머 전율이 이는
그런 시간이 있다

2
누가 천 년의 산호바다를 푸 · 르 · 다고 했는가

수만 갈래 비색 속에 담긴 물의 진언이
내 안의 깊은 고요를 물들이고 있다

천 년 전에도, 다시 다가올 천 년의 그날에도 그렇게 있을
다만 비와 바람과 햇빛과 물과 모래가 이야기하는
바다의 시간이 있다

영혼의 무게가 무게로 느껴지지 않는 맑고도 높은
시간 앞에 서 있다, 간절한 소릿결의 울림이
빈 마음을 끝없이 아득하게 두드리는
바다의 푸른 일부가 되는 우연을 지나가고 있다

아침의 기도

잊었던 나를 만나고
오늘의 나를 만나고
앞으로 다가올 나를 만난다

나 밖의 나를 만나고
당신 속의 나를 만나고
나 속의 당신을 만난다

헤어지고 다시 만나고
깊고 오래오래 눈이 부실

나를 지워 버리고
마침내 나 아닌 나에 이르는

홀로 높으신 당신으로 인해
맑게 빛나는 은혜의 시간

제2부

감로에 깃들다

하늘과 땅 사이
오체투지의 둥근 힘으로

작은 우주의 비밀을
고스란히 견디는 엄숙한 인내의
고요 한 방울

한 치의 떨림도 없이
진홍빛 꽃잎 위에 아슬하게 맺힌
천연 순도의 상징이 여는

새봄 아침의 숲 속
가장 눈부신 상형문자

하늘 그림

시작도 없고 끝도 없네
넓고 넓은 그곳에는

눈부신 고요의 기러기 가족들
첫 은유의 날개로
미완의 후렴구를 가물가물 남기네

수천만 년 숨은 이야기를
푸른 문장으로 쏟아 내는

멀고 먼 그곳에는

세상에 없는 사랑이 있네
세상이 모르는 질서가 있네

맨발*

시를 읽고 있는 나에게 딸이 자기 방으로 와 보라고 한다 시보다 더 시적인 게 있다고 붐비는 지하철에서 맨발의 노인이 이마와 가슴팍에 맨손으로 쓴 암호를 잔뜩 붙이고 쉰 목소리로 외쳐 댄다 외계인 쳐다보듯 눈길들이 빠르게 오르내리고 기도인 듯 찬송인 듯 소음을 비집고 들려온다— “미스코리아 유관순! 미스터 코리아 안중근! Why two Korea?” 어떤 젊은이가 목청을 돋우며 묻는다 왜 그렇게 사시느냐?고 비웃음이 매연처럼 번지는데 맨발의 눈은 우슬초로 점점 피어난다 이름 없는 어둠의 사람들 틈새 너무 가난해서 거룩한 맨발이 햇살 걸음을 옮긴다 눈물조차 비켜서는 이곳 발 뿌리가 이브의 목구멍처럼 뜨겁다 신발을 벗어 놓고 싶다 시가 부끄러워지는 맨발이 귀하게 반짝이는 저물녘, 완성의 시간 아득히 멀고 높다

---

* 통일이 되어야 신발을 신을 거라며 30여 년간 맨발로 다니셨던 최춘선 할아버지를 가리킴. 다큐멘터리 작가 김우현의 『맨발천사 최춘선(팔복1)』의 주인공임.

행복이 저물다

목청이 큰 남자의 외침이 오후의 정적을 깨트린다 "……악단의 연주로 〈피서지에서 생긴 일〉을 듣고 계십니다. 이어서 〈구월이 오면〉을…… 여덟 번의 행복을 살 수 있는 기회입니다!"

행복을 파는 사나이의 목젖이 여덟 팔 자로 파르르 떨린다 애졸한 눈빛으로 전동 칸을 휙 둘러보고는 공정 사회의 바람이 몰아치는 바깥으로 사라진다 높고 힘찬 메아리가 허공을 기웃거리며 망설이는 듯하다 쇼윈도의 마네킹 표정으로 창을 바라보고 있는 이 계절 밖의 사람들, 그들의 무장한 어깨가 돌짝보다 더 묵직해 보인다 스마트폰의 데일리 브리핑에서는 노숙자들이 얼어 죽었는데 찾는 가족들이 아무도 없다는 영하의 소식이 랜덤하게 돌아가고 있다 등짝이 호미 같은 노인이 때 절은 소쿠리를 들고 한 닢의 행복을 구걸하며 흘러 지나가는 사이, 주머니에서 얼마를 끄집어내야 좋을지 슬그머니 저울질하는 사이에

자동형 인간

영락없이 도마 위 횟감용 물고기인 듯 목욕탕에서 때밀이용 목판 침대 위에 누우면 까만 팬티를 입은 여자가 회칼 대신 이태리타월로 몸의 구석구석을 뒤지며 묵은 때를 밀어낸다 누우라면 눕고 돌리라면 돌리고 벌리라면 벌리는 100% 자동형 인간이 된다 한참 동안 작업을 하던 여자가 "언니, 혹시 얼라 가지셨는교?" 툭 뱉는 말에 몸과 때가 동시에 굳어 버린다 "아, 아니요. 왜요?" "팔다리도 늘씬하고 목도 쑤욱 빠졌는데 거— 만 볼록하길래……" 말에 감 · 전 · 되 · 었 · 다 자동형 인간이 불판 위 마른 오징어가 되어 오그라든다 세신비를 내밀자 "언니, 충격 좀 받고 뱃살 빼시는 기 더 좋지예? 우린 아싸리하게 말해 뿌리야 쇡이 시원한 기라예. 또 오이소!" 앞으로 공짜로 밀어 준다고 수골백번 부른다 해도 다 · 시 · 는 · 안 · 간 · 대 · 이

아버지의 만물상 트럭

아버지의 트럭은 멈추지 않고 달린다 언제나 아버지는 바깥의 그리움을 궁금해하셨다 비가 올 듯하면 트럭의 물건들을 덮기 전에 먼저 하늘의 기척에 낡은 귀를 기울이곤 하셨다 방충망, 깔때기, 냄비 꼭지, 총채, 소쿠리, 바가지, 빨래집게 등 쏟아질 듯 싣고서 방방곡곡 시골길을 누비고 다니셨다 고무줄 500원! 파리채 1000원! 엄는 게 업씀다요! 확성기에서 터져 나오는 억센 목소리와 너덜 주머니 안에서 어둠을 견디는 지폐의 힘을 원망하면서 떠나고 싶었다

여관에서 잘까 텐트에서 잘까 라면으로 때울 건지 식은 밥을 먹을 건지 휴대용 전기장판을 잠시 틀 건지 아예 꺼 버릴 건지 애절한 긴장의 밤과 낮이 흘러갔다 하지만 혼자서 잠들고 싶던 때에도 기어이 내 곁을 지키셨던 지붕 같은 사랑이 철없는 반항을 붙들어 매었다

그리도 속 썩이던 딸이 트럭 운전수가 되어 희망의 바퀴를 몰고 계절 위를 씽씽 달리고 있다 아버지와 내가 머무는 그곳이 바로 우리들 유랑부녀의 새 보금자

리, 트럭으로 길어 올리던 그날 치 행복이 바람길 따라 펄럭거린다 아버지의 만물상 트럭이 환해졌다, 푸르렀다, 아무 수식이 섞이지 않은

노 브레인

천안 성환읍에 눈에 띄는 양옥이 한 채 있는데요 오월의 영산홍이 꽃대궁을 붉게 밀어 올릴 때였지요 목청껏 발성 연습을 하던 소프라노 안주인이 잠시 브레이크 타임에 쑥을 뜯으러 마당으로 나갔다가 1m 가량의 갈색 뱀과 마주쳤다는군요 기겁을 한 안주인 다급한 나머지 119에 신고를 했는데요 119 아저씨들 반가운 목소리로 20분가량 걸리니 꼼짝 말고 뱀을 지키라고 주문하셨다네요

백지장이 된 안주인 안절부절 뱀 지키느라 진땀을 빼었는데요 건장한 구급대원들 도착하자마자 안주인은 안중에 없고 뱀 찾느라 정신이 없었다네요 아무리 뒤져도 보이지 않자 벌겋게 달아오른 눈으로 안주인을 향해 뱀은커녕 지렁이 새끼도 보이지 않는다며 핀잔을 주었는데요 그때 가늘게 오그라든 안주인의 눈이 동그랗게 팽창하더니 "저—기 빨간 꽃잎 사이로 보이잖아요!" 팔색조 같은 말의 물기가 마르기도 전에 사내들 달려들어 먹잇감을 낚아채었지요

"아니 여섯 개의 눈으로도 보이지 않았는디, 두 개의 눈으로는 보인다는겨?" 그제야 안주인 아다지오로 숨을 내뿜으며 "글씨…… 아무 생각도 나지 않는데유—"

고백

귀한 하루를 살아가는 것은
당신과의 지극한 교감입니다

날마다 당신의 하늘을 바라보다가
부지런한 걸음을 멈추는 그때가 오면
살아 있지 않아도 살고 있는 것입니다

매운 바람 불고 흙먼지 날리는 지상에서
가까스로 갈대 목숨을 이어 가는 것은
그래도 누군가를 사랑하기 때문이고
내 사랑의 처음을 열어 주신
당신이 계시기 때문입니다

사랑하면서 느끼는 맑고 깊은 비밀은
삶과 죽음의 모든 통로가
당신의 손길에서 빚어지는
정금 같은 축복의 길이라는 것을

갈지之자 시대

바깥 세상이 찬란하게 앞질러 가는 속도의 불빛에 온통 취해 있다 도수를 측정하기 여간 어렵지 않다 막걸리, 소주, 레드와인, 코냑, 발렌타인, 데킬라, 보드카의 취기보다 더 아찔한 여야 정파전, 지역이기주의, 진보와 보수, 동서, 남북, 너와 나, 우리들의 서로 다른 찬 가슴 속…… 술을 마시지 않아도 홍낭홍낭 갈지자 걸음을 해야 무리의 대열에 한 발이라도 끼어드는 시대, 주욱 짜버린 치약 같은 사람들이 이리저리 떼를 지어 휩쓸려 다니고 순도를 잃은 사연들이 시시각각 스팸 메일로 문자로 눈을 오염시키는 지금, 알전구 같은 비상구를 찾지도 못하고 치사량 도수의 세상에 첨벙 빠져들까 보다 풀— 풀— 풀어진다 두루마리 휴지처럼 갈, 갈, 갈지, 지, 지, 지…… 뒤범벅된 정신을 반짝반짝 하얗게 양치질할 정품 치약은 어디에 있을까

흑백 풍경에 들다

끝이 보이지 않는 발가숭이 갯벌 위로
바람의 바늘이 박음질을 시작한다 한 땀 지날 때
마다
햇볕의 사금파리가 풋사랑의 낭만처럼 흩어진다

바람과 볕과 바다가 낡은 전축의 레코드판으로 돌아
가는
섬의 시곗바늘, 미역, 파래, 함초의 미끈한 냄새가
엉키고 붙들리어 까마득히 육지의 속도를 밀어낸다

바람이 순할수록 섬지기의 눈빛은 더욱 선명해지고
시작도 끝도 없이 흔들리는 무심한 손놀림이 바람의
지층을
허물어뜨린다 문도, 울타리도, 지붕도 없다 다만
하늘을 등에 지고 소금꽃 피우는 일에 황톳길 생이
번져 간다

천 년의 바닷길을 건너 불어오는 바람을 맞으며

하얗게 삐져나오는 소금 꽃잎들, 가난의 부지런한 손끝에서
한 번 더 자라는 순정의 잎맥들이 햇볕의 풀무질로 설렌다

고무래가 다시 제자리로 돌아오는 어스름
습관의 땀방울이 한 됫박 뿌려지고 수차를 돌리는
염부의 발 아래 구릿빛 노동의 날들이 노을로 감긴다

몇 그램의 붉은 바람이 느릿느릿 내려앉고
마음의 안과 밖이 소금 거울에 부딪혀 돌아오는 여기
꽃소금 같은 하루가 섬의 책갈피를 출렁출렁 넘기고 있다

습관의 힘

기어이 아침이면 하루치의 눈을 뜨고 어느 조상의 유물 같은 신발을 끌고 나선다 무한히 겸손한 고개를 빌딩 숲의 잎그늘만큼 흔들거리고 하루 세 끼를 먹어야 붉게 익은 사과의 탱탱한 윤기로 견딜 수 있을 거라고 믿는다 커피를 마시지 않으면 외줄타기 곡예의 줄을 놓칠 듯한 불안의 시간을 가쁘게 몰아쉬며 찬불가나 찬송가를 불러야 더 거룩, 거룩해진다고 목청껏 노래한다 오래된 달력으로부터 다시 오늘의 내일이 시작되고 거기서 벗어나고 싶은 습관의 우리들은 거짓말처럼 화려한 진화를 꿈꾼다 아스라이 높은 습관의 지붕 아래에서

아날로그식으로

시인 모임에 가면 술 한 모금도 마시지 못한다고 밀려나고 시를 잘 쓰려면 그래도 몇 잔은 들이켜야 한다고 핀잔을 듣는다 노래방에 가면 애창곡 하나 없이 한 소절도 제대로 끝까지 부르지 못해서 주눅 들고 신년하례식 합창단에 어쭙잖게 끼어들었다가 립싱크만 하라고 힐문 당한다 김치찌개 맛깔스럽게 끓이지 못한다고 주방에서 밀려나고 백화점 타임서비스 시간에도 물끄러미 바라만보고 세일 기간에 굳이 정상 가격으로 구입하고 이 나이토록 필생의 힘으로 지켜야 할 완전한 문장 하나 없으니 나는 언제나 어설픈 배경이거나 엑스트라 1, 2, 3으로 등장한다 바깥의 가설무대에는 여전히 각본대로 인기 없는 주인공들이 휘황한 디지털 불빛 아래에서 하루살이 떼로 어지럽게 범람하고 태엽이 감긴 만큼 초침은 시간의 스위치를 모범생 손으로 누르며 미래를 째깍째깍 끌어당긴다

바람을 옮기다

83도와 88도 사이에서 고민한다 현란한 형광 글씨에서 뿜어져 나오는 붉은색이 예사롭지 않다 황토냐 소금이냐 사이에서 머뭇거린다 고온의 호기심에 끌려 88도 황토방으로 발을 옮긴다 문을 열자 뜨거운 독사의 열기가 굶주린 듯이 맨몸을 공격한다 꿈틀꿈틀 저항 파동에 이어 땀이 송골송골 맺힌다 널빤지 위에 여자들이 터번을 두른 듯 수건으로 머리를 둘둘 말고 입에 열꽃을 피운다 "쉰 된 여자가 뭐가 아쉬워서 칠십 영감에게, 그것도 한 보따리 싸 들고 왔다는겨—. 그 영감탕구 참 여복도 많제—. 근디 쓸 만한 힘이라도 있는겨—" 이야기보따리가 심상치 않다 아파트 이 동 저 동 바람난 이야기가 날개를 단 듯 팔랑거린다 지칠 줄 모르고 입담이 흐르고 이미 여자들의 입에 바람독이 단단히 오른 모양 몸뚱어리의 위력에 연신 탄복한다 보기와는 다른 몸의 숨겨진 힘에 붙들려 입풀무질을 해 대는 목욕탕 동네 여자들

제3부

가벼운 누드

누드로 만난다, 매일 밤

더 이상 비밀이 아닌
누드의 알몸이 되어
에러 한 컷 없는 몸의 언어로

백지 위 먹빛으로 번져 가는 그때

목마른 자음과 모음이 만나서 여는
탁— 트인 풍경의 소리를 듣는다

날마다 내 시를 끌어안고
죄 없는 비유의 시간을 흠뻑 마신다
가장 가벼운 누드로

사랑이 읽히다

초록과 연초록 사이로
힐끗 계절이 스쳐 지나갈 때

저 푸르름으로 반짝이는
눈부신 누군가를 만나고 싶다

몇 그램의 바람과
몇 그램의 햇살과
그리고 몇 그램의 순정으로

빛나는 꽃의 순간을 숨 가쁘게 꿈꾸며
아름다운 기억의 성을 쌓고 싶다

너와 나의 안쪽이 바람의 속도로 만나서
찔레 향기 머무는 눈빛의 사랑을 노래하고 싶다

살아 있음이 아무 죄가 되지 않는 이런 날에는
맹목의 황홀한 죄 하나 짓고 싶다

아버지의 힘

신께서 내려주신
더없이 숭고한 상징인 듯
시든 영혼 선혈로 흐르는 새벽에
눈을 뜬다, 번쩍!

눈의 내력

바람의 눈 속에는 허공에서 길들여진 조각달이 걸려 있다
한곳에 오래 머무르지 못하는 습성은 외로움을 견디기 위해서일까

우리들 눈 속에는 쉬이 마르지 않는 눈물이 들어 있다
서로가 두 눈을 오래도록 깊게 바라보지 못하는 것은
설익은 비밀이 드러날지 모른다는 불안을 감추기 위해서일까

언제나 눈은 어김없이 빛이 있는 곳을 향하여 뜬다

할 말이 많아도 말없이 순종하는 개의 눈 같은 눈들과
눈이 있어도 보지 못하는 눈들의 하루가 역사의 눈을 통과하고 있다

눈부신 침묵 속에서 눈으로 말하며 바람의 소리를 읽었던 때가

눈의 얼룩을 지우며 언젠가 되찾을지 모를 눈의 이미지를 깨운다

태아 때부터 키워 온 갈증의 씨앗이 눈 속에 자라고 있다
차라리 두 눈을 감는 것은
이유 없이 푸르른 하늘의 향기를 듣기 위해서일까

가을 결

고요 속 느린 필법으로
묵음의 길에 들어선다

한 계절 벼린 바람의 살을 맞으며
그늘 없는 허공의 품에서 살다가

세상의 시간을 넘어
그 누구의 눈물도 비켜서는
가난한 순례의

차마 깊고 서늘한
눈빛의 소리 없는 끝자락

참말 거짓말

바로 곁에 있어도 내 곁에 있지 않다 너는, 거짓말처럼
내 뼈 중의 뼈지만 너의 살을 볼 수가 없다, 거짓말처럼
착한 눈과 귀와 코, 어린 말들이 톡톡 튀어나오는 입술 그리고
해바라기 웃음과 채 익지 않은 눈물과 찡그리다 흩어지는 빛 고운
살결의 파동들이 핏줄에 오밀조밀 박혀 있다, 거짓말처럼
멀리 가 버린 듯 아주 가까이 있는 듯 시시각각으로 공중에서
온몸을 목숨으로 휘감으며 빨아들이고 있다 너는, 거짓말처럼
내게서 빠져나온 너의 몸은 거짓말처럼 나의 참말이다

거룩한 밥

너무 배가 고파서 피를 팔았다고 했습니다
본능의 꿈을 팽개친 채
남자의 마지막 자존심을 두 번씩이나 거세했다고

380cc의 피로 600원을 얻었을 그때
남대문시장 밥 한 그릇이 100원쯤이었다고
그 남자 청춘의 날에 두 번씩이나 같은 수술을 했는데
한 번에 800원을 받았다고 했습니다

영하 18도의 서울 거리에 무서운 적막이 휘몰아치는데
지상의 한 끼 따뜻한 밥을 기다리며 줄을 서 있는
저들 가슴의 시퍼런 불면 위에
배고픈 절규 속에 찬비가 내리고 얼음 바람이 붑니다

차마 눈물마저 서 있을 자리가 없습니다
전철역에서 하루치의 생을 등에 지고 어둠 속을 헤매는

발걸음들이 오늘 저의 신앙입니다
저들에게는 아무 죄가 없습니다
당신께서 빚은 세상에 그 길 따라 태어났습니다

사라진 계절의 단비를 목숨껏 기다리는
어깨들이 점점 더 굽어져 갈 때 오래 무릎을 꿇고
처음으로 깨끗하고 간절한 기도를 드립니다
비로소 푸르른 내일의 밥상을 위하여

오직 당신의 손길 위에 저들의 겨울이 있습니다
사랑의 해시계를 옮겨 주소서

거짓을 현상하다

카메라 앞에서는 순간의 표정을 날조한다 모두 기특하게도
웃으라면 웃고, 벌리라고 하면 헤벌쭉 벌리는 사진사의
모범 학생들인 우리들

하지만 오늘 영정사진을 찍으시는 어머니는 철학자 같다
사진을 찍어 놓으면 더 오래 살 거라는 꽃꿈을 담아 살짝
웃으시는 어머니! 찰깍! 지상에서의 마지막 순간이 담긴다

필름 없이 우리들도 함께 찍혔다 가족카메라의 렌즈에 영원히
사라지지 않을 천연색 컬러사진이 박혔다 암실도 다르고

풍경도 다르지만 따뜻한 피의 색감은 똑같은 사진 한 장

실물보다 더 잘 찍히기를 바란다 누구나 죽음 앞에서도
거짓을 유언처럼 현상하고픈

어떤 진화

가진 것 모두 주었다 해도 언제나 모자란 듯
세상에서 하나밖에 없는 욕심이 솟아난다

오직 순수의 눈망울을 크게 뜨고
마지막 가난의 몸짓으로 신께 무릎을 꿇는다

천 리를 언뜻, 바람 걸음으로 달려가
네 마음의 아득한 숲 속 먹먹한 그리움을 읽는다

초가을 늦은 오후, 소낙비가 쏟아지고 있다
비와 비 사이 허공의 담을 씻어 낼 수 없을까

비의 무게 속으로 흠뻑 젖어 들면 너일 수 있을까
차라리 나를 지우고 또 다른 내가 되어 가고 있다

그치지 않을 듯 내리꽂히면서 다시 튀어 오르는 비
저 공중, 회색빛의 속도로 나는 자라나고 있다

말과 말 사이

詩로 시작해서 試로 돌아가는
시에 묶였다가 시로 인해 자유로워지는

영혼을 내걸어야 사는 시와
영혼을 내놓아야 사는 시가

지금 우리가 살고 있는 생의
계산으로는 풀리지 않는 혀끝 비밀의

위장된 영하 세상을 영상으로 덧씌우는
여백의 어디쯤……

흐르는 봄 속에 흐르다

쓰레기 더미에 코를 박고 굶주림을 벗겨 내는 유기견의
뒷다리에 남녘 섬마을 동백꽃잎들이 떨어진다

더 깊이 파고들어 가면 갈수록 구겨진 비닐봉지와 아무렇게
찢어진 전단지와 찌그러진 깡통들은 무슨 통증처럼
움찔거리고 푹푹 일어나는 먼지바람을 등 뒤로
아지랑이가 먼 소식 찾아 흩어진다

눈녹이물이 흐르고 개의 침도 하릴없이 흐르고 옥탑방 낡은
담요 위에서 곧잘 꾸벅거리던 고양이의 수많은 털끝에서
다크 카카오 단내가 새어 나온다

땅 아래 구름빛 벌레들이 까딱거리고 수척한 흙을 밀치고

솟구치는 푸른 약진의 씨앗들이 몰래 터져 나온다
깊은 적막의 골방에 웅크리고 있는 늙은 홀아비의
눈썹이, 겨드랑이 밑이 자꾸 간지럽다

주인 없는 개 목숨이 눈뜨는 봄을 냄새 맡는 지금

가지 사이 서성이는 바람의 발톱이 오랜 기다림의
연둣빛 시간을 스타카토로 끌어당긴다
막 연애를 하기 시작한 남녀의 긴 손가락이 떨리는

순은의 그때

살아온 시간과 무게를 모두 내려놓고
당신의 하늘 시계를 바라봅니다

세상에 처음 내놓으셨을 때의
그 모습 그대로를 찾아 두 손을 모읍니다

홀로 깊어져서 고요히 넉넉해지는 호수처럼
때가 되면 제 무게만큼 낮아지는 열매처럼
주어진 길을 가고 싶습니다

함께 있어도 느끼지 못하는 공기의 흐름 속에서
설핏, 당신의 기척을 느낄 때
눈 뜨는 새벽 바다의 붉은 문장을 읽습니다

당신의 목소리가 순은의 종소리로 들리는 그때에

제4부

바다 거울

투명한 어둠, 그리고 레몬빛 시계 바늘이 돌아간다

멀리 수평선에서 무반주 음악이 무색 저음으로 흐르고
파도는 푸른 먹을 갈아 바람의 시간을 하얗게 쏟아
낸다

아득한 곡선의 바다새들은 아주 가끔씩
날갯죽지에 오색으로 번지는 물소리를 담아서
적막의 부리로 물껍질을 벗기며 미완의 풍경을 친다

하루가 서서히 증발되기 시작하고 갓 깨어나는
황금의 나비 날개로 지그시 밀어 올린다

소금꽃 자욱한 세상의 창을, 붉은 지구의 인기척이
솟는다

동백에 들다

불현듯,
눈발 흩날리는 서늘한 그날에

겨울 길목을 건너온 청빛 바람이
빠른 십육분음표를 찍고 있다

첫사랑 풋풋한 속살에
환한 통증이 느린 음조로 번지고

순님이 핏방울 움찔거리며 뜨겁게
바투바투 조바심을 내는데

목젖 타오르는 어느 눈먼 순간에
모두었던 속울음 마지막 고백처럼 쏟아 낸다

먼저 사랑하고
목숨의 결대로 끝까지 사랑하라!고

가장 빛날 때 툭— 내려놓는
쓸쓸하게 찬란한

붉은 우주의 소멸이여

첫 고백

무릎 꿇고 오랜 기도를 하였다, 처음으로
눈부신 눈물을 흘렸다, 처음으로
가슴이 쪼개지는 소리를 처음 들었다
너로 인해 엄마라는 말의 축복을
새벽처럼 깨달았다, 깊고도 넓구나!

새들의 날개에는 그리움이 묻어난다

깊고 푸른 비상을 하네

걸림 없는 날개의
서늘하게 느린 포물선 따라

끝없이 먼 데로 흐르는 눈빛 그리매

길이 열리는 하늘 능선 너머
눈물같이 가난한 몸짓의 새 떼들

청정한 고요 속에
얇게 빛나는 곡선으로 겨울을 건너네

그 길

먼 순례의 길에 올랐다

은빛 강의 가쁜 물살과 캄캄한 협곡을 거슬러
마침내 찾아온 고향천에서

허옇게 퍼덕거리는 어미의 한살이는
한사코 눈물을 거부한다

목숨의 벼랑 끝, 음과 절이 끊어지고
스스로 뜨겁게 모두 내려놓으며
주검마저 기꺼이 먹이로 바치는
여기

아스라한 상공에서
수직으로 내리꽂히는 날짐승의 부리에
날카로운 비린내가 시리도록 맑다

저 높고 슬프고도 가열한

찰나의 물비늘들이 수천 갈래로 흩어지며
돌아오지 않는 강을 향해 흘러간다

오직 끝없는 경배 있으리니……

4호선 라인

"음료수 한 잔 값도 안 되니께 딱— 천 원짜리 두 장만
받습니다요 가시를 위로 아래로 밀었다 땡겼다 하면
온갖 썩은 것들이 걸려 올라옵니다요 그냥 두면 냄새가
코를 찔러서 슬금슬금 집도 사람도 죄다 썩어 버린당께
낚시공법으로 만들었구먼요 생활에 꼭 필요한 거시기인디……"

꾸벅 졸고 있거나 못 들은 척하며 곁눈질하거나
아예 시선을 맞추지 않으려고 애써 고개를 숙이고 있다
그들의 몸짓이 구부러진 못대가리 같다 녹이 잔뜩 낀 금속성의
목소리가 허공을 찌른다 보따리장사 아저씨가 보통 이상의
기대를 접고 4호선 출구를 향해 흑백 그림자로 사라지는

토요일 오후 1시 15분

겨우내 닫힌 전동 칸의 땅심이 여전히 얼어붙어 있다
겨자씨 한 톨 뿌릴 수 없는 저 돌짝밭을 어떻게 쟁기질할까
보통보다 훨씬 더 나은 해법을 찾으려고 레일의 속도보다
더 빠르게 기도하는 아날로그식 한나절

예감이 자란다

경건한 감탄사로 날아갈 거라고

더 높이, 더 멀리 날아갈 거라고

우수수한 세상을 쓸어 낼 거라고

여섯 발톱의 끝으로 허공의 신작로를

긁으며 경쾌하게 타전할 거라고

포르 포르릉 새는

하늘 길에는 경계가 없을 거라고

쌀에서 살까지의 거리

말끔하게 마당질한 알곡에
언틀먼틀 불거진 한 생의 부스러기를 섞는다

표정 없는 일상의 손에 휘둘려 농부의 피살이
땀과 눈물과 애간장이 부옇게 씻겨 나간다

살아 있는 자음과 모음의 배반을 꿈꾸며
먼지 풀풀 날리는 하루를 지탱해 줄 밥솥 안으로
땅의 경전을 집어 넣는다

작은 우주 안에서 불, 물고문을 견디며
기꺼이 우리들의 더운 피가 되어 주는
한 톨의 쌀

나도 누군가의 입 안에서 달콤하게 씹힐
저녁 밥 한 끼라도 될 수 있다면

생에 대한 현장 르포

아무것도 모르고 사랑했다
서로 사랑하라는 말씀대로 그렇게 처음에는

알 듯 모를 듯 사랑했다
짧고 부드러운 털이 거뭇거뭇 자라나고
스스로 부끄러웠던 그때에는

가까운 누군가가 한없이 먼 그대로 느껴지는 날
이브의 사과가 그리도 붉고 달콤하였고
첫 키스의 순간은
깊고도 날카로운 미래를 오래 남겼다

시간의 바퀴가 계절의 바람을 서둘러 앞서 갈 무렵
거칠고 빠른 세상의 타법대로 그저 사랑하고, 사랑했다
초서체의 눈빛이 껍질 몸의 전부가 될 때까지

하루가 추사의 세한도 속 배경이 된 지금

신께서 주신 빛나는 언약의 길을 따라
은밀한 가운데 다만 사랑의 배후를 찾고 있다

내 영혼의 잉걸불은 아직 타오르는 중……

「한 잎의 여자」를 위한 판타지아

1

남들이 붙여 준 이름으로 눈먼 올가미에 묶여 살아가는 여자, 그리워했네 그 여자의 이름을, 어학당 유학생들 사이에서 수군거리던 전설 속의 여자, 나무꾼 시인 K가 선녀라고 불러 준 여자, 밤하늘에 눈가루를 뿌린 듯한 마노 여자, 제 생의 흔들리는 무게를 견디며 눈물 없는 울음을 삼키는 여자, 재미 시인 L의 눈에 한 번도 사랑다운 사랑을 하지 못한 불쌍한 여자, 끝없이 주기만 하는 큰 사랑을 마시면서 그걸 잊고 사는 여자, 선머슴같이 일하지만 하르르 떨어지는 목련꽃 슬픔의 배후를 엿듣는 여자, 물매화의 등 뒤에서 가늘게 떨리는 꽃받침의 이슬땀을 닦아 내는 여자, 그리워할 수밖에 없네 여자라는 이름의 모든 것들을

2

는개 내린 호수의 물거울 미소를 닮은 여자, 언제라도 틈만 나면 욕망이 못대가리처럼 삐져나와 밤마다 못을 박는 여자, 시에 미쳐서 마냥 그 속살에 입맞춤

하고픈 여자, 술 한 모금도 넘기지 못하지만 석양 너머 비치는 적막의 풍경에 취해서 비틀거리는 여자, 디지털 숲길을 수시로 드나들며 지나간 시대의 사랑과 이별을 표절하고 싶은 여자, 은밀한 몸의 향기가 수밀도 같은 파스텔 톤의 여자, 눈 감고 떠올리면 떨림의 끝에 점 하나로 오그라들게 하는 여자, 나 오늘 밤 온몸으로 받고 싶네, 그 여자에게서 쏟아지는 살빛의 아우라를, 잃어버렸던 몸의 꿈 하나 길어 올리고 싶네, 눈매가 순한 꽃사슴의 그 여자, 이제 남은 여정의 내 이름이 되고 싶은

내 생의 주파수를 맞추다

추억의 안테나를 뽑아 올린다 탱자나무 울타리 아래 두근두근 피어올랐던 꽃이파리들을 하나씩 떼어 내어 주파수를 맞춘다 라디오를 켜자 순금 옛 이야기가 낡은 레코드판처럼 찍찍거리며 흘러나온다 남자의 입술 바깥으로 낯선 소음들이 새어 나오고 간간이 여자의 뇌파에 닿아 몇 방울의 피가 섞인 눈시울에 붉은 바람 파도가 일렁인다 추억이 없으면 고정 채널의 애청자도 소용이 없다 노란 탱자 빛으로 익어 갔던 그날의 하늘을 함께 바라본 것만으로도 내일의 하루가 기꺼이 채워졌다 생의 노을이 짙어질수록 원고지 분량은 늘어만 가고 여자는 그 남자의 한 줄 에피소드가 되어 간다 "남자여, 탱자 가시에 콕콕 찔린 여자의 추억도 한 다발 가지고 가지 않을래요? 지금 바로 마지막 생방송 시작 직전이거든요."

혼잣말처럼

언제나 도란도란 양지 밭이었는데

지금 네가 떠난 우리 집에서
죄 없는 사랑을 배우기 시작한다

같은 하늘 아래
같이 숨을 쉬고 있다니
휘파람 걸음으로 천 리를 가겠다

너를 꿈꾸고 있으면
가도 가도 어린 시절 소풍날인데

너, 어디서 듣고 있는 거니?
여린 꽃잎보다 어여쁜 딸아이야

어머니의 손

온 하늘을
가장 넓고 깊게 보듬고 가는

푸른 눈물의 길이여

거저 기대어 서 있는
노숙들 하르르……
꽃잠 자고픈

오직 가난하고 포근한
그 간절한 노동의

소리 없는 향기여

사랑의 시, 희망의 시

김 재 홍
(문학평론가 · 경희대 명예교수)

문현미 시인, 그는 국문학을 전공하고 독일에서 비교문학을 연구 · 강의해 온 중진 학자이면서 신망 있는 교육자이며, 근년에는 대학에서 중책을 수행하고 있는 유능한 교육 행정가이기도 하다.

아울러 그는 1998년 등단 이래 시집 『기다림은 얼굴이 없다』, 『칼 또는 꽃』, 『수직으로 내리는 비는 둥글다』, 『가산리 희망 발전소로 오세요』 등 네 권의 무게 있는 시집을 상재하여 '박인환문학상' 을 수상하기도 한 중견 시인이기도 하다. 그의 시는 지성과 감성의 이상적인 조화와 균형 감각을 바탕으로 하여 인간적인 숨결과 호흡을 생명 감각으로 형상화하는 특성을 보여 준다. 특히 『가산리 희망 발전소로 오세요』에 이르러서는 서민적인 생활 감각을 인간미 넘치는 인정과 해학으로 묘파함으로써 시를 읽는 훈훈한 즐거움과 삶의 맛, 멋을 느끼게 하는 개성 있는 모습도 보여 주었다.

다섯 번째 시집 『아버지의 만물상 트럭』을 상재하는 그의 시세계를 간략하게 살펴봄으로써 그의 시가 처한 현주소를 진단하고 앞날을 예감해 보기로 한다.

1. 불연속의 시대, 살아 있는 정신을 찾아서

문현미의 시에는 불연속적인 세계인식, 즉 단절과 소외로서 갈등과 분열의 징후 및 그에 대한 극복의 안간힘이 지속적으로 제시되는 것이 중요한 특징이다.

> 바깥 세상이 찬란하게 앞질러 가는 속도의 불빛에 온통 취해 있다 도수를 측정하기 여간 어렵지 않다 막걸리, 소주, 레드와인, 코냑, 발렌타인, 데킬라, 보드카의 취기보다 더 아찔한 여야 정파전, 지역이기주의, 진보와 보수, 동서, 남북, 너와 나, 우리들의 서로 다른 찬 가슴 속…… 술을 마시지 않아도 홍낭홍낭 갈지자 걸음을 해야 무리의 대열에 한 발이라도 끼어드는 시대, 주욱 짜 버린 치약 같은 사람들이 이리저리 떼를 지어 휩쓸려 다니고 순도를 잃은 사연들이 시시각각 스팸 메일로 문자로 눈을 오염시키는 지금, 알전구 같은 비상구를 찾지도 못하고 치사량 도수의 세상에 첨벙 빠져들까 보다 풀— 풀— 풀어진다 두루마리

휴지처럼 갈, 갈, 갈지, 지, 지, 지…… 뒤범벅된 정신을 반
짝반짝 하얗게 양치질할 정품 치약은 어디에 있을까

—「갈지之자 시대」 전문

누가 오늘날 이 시대를 불연속성의 시대, 불확정성이 지배하는 시대라고 진단했던가? 그만큼 오늘날 현대사회에서는 각양각색의 폭력과 억압, 불신과 불안이 횡행하고 있으며, 그 속에서 현대인의 삶 또한 중심을 잃고 흔들리며 단절과 소외, 갈등과 방황을 겪고 있다는 뜻이 될 것이다.

그렇다! 이 시에서 보듯이 오늘 이 시대를 살아가는 이들은 누구나 갈지자로 방황하고 흔들리면서 극단적으로 서로 대립하고 갈등하는 타인의 삶, 인간성 상실의 시대를 살아가고 있는 것이 사실이다. 흔히 현대를 3S 또는 3M의 시대라 지칭하는 것이 그러한 단적인 예가 되지 않겠는가? 이른바 속도speed, 영상screen, 그리고 스포츠와 섹스sports and sex가 범람하는 3S의 시대가 그것이며, 대량생산mass production, 대량소비mass consumption, 대량매체mass media가 판치는 그런 횡포의 시대, 인간성 상실과 소외의 시대라고 진단하는 것이 그것이다. 그만큼 오늘날 이 시대는 반인간적 · 반문화적 · 반생명적인 온갖 폭력과 징후가 범람하는 그런 시대라는 뜻이 되겠다.

더군다나 자본주의의 팽배화와 상업주의의 폭발적 범람 및 조직의 거대화와 군림화는 날로 인간적 맥박과 생명의 호흡을 억압하고 질식시키는 폭력적 기제로 작용함으로써 인간소

외, 생명 경시 풍조를 노골적 · 위압적으로 화장해 가고 있는 것이 아니겠는가?

무엇보다도 '내 편 아니면 적' 이라거나 '이것 아니면 저것' 이라는 극단적인 대항논리와 적개심의 법칙이 사람들 사이에 횡행함으로써 인간 상실과 생명 상실의 시대로 치달아 가는 그야말로 불모의 현실 인식 또는 비극적인 생의 인식이 점점 확대하고 심화되어 가는 그런 양상인 것이다.

"음료수 한 잔 값도 안 되니께 딱— 천 원짜리 두 장만
받습니다요 가시를 위로 아래로 밀었다 땡겼다 하면
온갖 썩은 것들이 걸려 올라옵니다요 그냥 두면 냄새가
코를 찔러서 슬금슬금 집도 사람도 죄다 썩어 버린당께
낚시공법으로 만들었구먼요 생활에 꼭 필요한 거시기
인디……"

꾸벅 졸고 있거나 못 들은 척하며 곁눈질하거나
아예 시선을 맞추지 않으려고 애써 고개를 숙이고 있다
그들의 몸짓이 구부러진 못대가리 같다 녹이 잔뜩 낀
금속성의
목소리가 허공을 찌른다 보따리장사 아저씨가 보통
이상의
기대를 접고 4호선 출구를 향해 흑백 그림자로 사라지는
토요일 오후 1시 15분

겨우내 닫힌 전동 칸의 땅심이 여전히 얼어붙어 있다
겨자씨 한 톨 뿌릴 수 없는 저 돌짝밭을 어떻게 쟁기질

할까

보통보다 훨씬 더 나은 해법을 찾으려고 레일의 속도보다
더 빠르게 기도하는 아날로그식 한나절

—「4호선 라인」 전문

어디 그뿐이랴! 국가와 국가, 인종 간, 종교 간, 민족 간, 세대 간, 지역 간, 빈부 간 대립과 갈등 또한 더욱 조장되고 심화되어 감으로써 그야말로 불모의 시대, 상실의 시대로 치닫고 있는 현상을 과연 어떻게 극복해 나아갈 것인가?

아니다! 또 있다, 이젠 인간이 편리하게 살기 위해 고안하고 만들어 낸 기계문명과 산업기술이 거대화, 물신화해 감으로써 노골적인 광물성의 시대, 금속성의 시대로 인간을 휘몰아가고 있는 것도 심각한 문제가 아닐 수 없다. 어쩌면 각종 공해, 환경 파괴 문제뿐 아니라 언제 엄습할지 모르는 핵전쟁, 지진, 해일 등 전 지구적 기상이변과 인재 · 천재지변의 위협은 그야말로 인간 상실의 시대, 생명 상실의 시대로 인간 소외 현상을 부채질해 가고 있는 상황이다. 나날이 문명의 위기, 인류의 종말을 향해 달려가고 있는 모습이 아닐 수 없는 것이다.

바로 여기에서 시인의 근본 의도, 시의 중심 테마가 선명히 드러난다. 정작 시인이 말하고자 하는 것은 그러한 인간 상실 현상과 생명 상실 추세로 인한 문명의 위기, 인간 실종의 불안에 대한 비판 그 자체가 아니다. 오히려 그러한 것들을 넘어서서 인류가 어떻게 그러한 단절과 불안, 방황과 소외를 극

복하고 참생명 회복의 길, 진정한 인간성 확립의 길로 나아갈 것인지를 고뇌하고 번민하는데 그 초점이 놓여진다. 실상 이러한 문명의 위기 진단은 그 자체로서 중요한 것이 아니라 그것을 넘어서서 어떻게 인간 회복 또는 생명성 확립의 길로 나아갈 것인지를 고민하면서 자신을 성찰하며 정신의 구원, 영혼 구원의 길로 나아갈 것인지를 고뇌하는 데 주안점이 놓여지는 것으로 이해된다.

시가 바로 그러한 정신의 구원으로 나아갈 수 있는 한 대안이며, 종교적 영성회복 운동이 그러한 영혼 구원의 길을 향해 열린 길이라는 점을 시인은 암암리에 강조하고 있다는 뜻이 되겠다.

2. 땅, 쌀, 밥, 삶의 의미와 가치화

이러한 현대문명의 위기와 실존의 어려움에 처하여 인간은 어떻게 그 존재성을 확보하고 삶의 길, 당위의 길로 나아갈 수 있을 것인가?

> ① 아버지의 트럭은 멈추지 않고 달린다 언제나 아버지는 바깥의 그리움을 궁금해하셨다 비가 올 듯하면 트럭의 물건들을 덮기 전에 먼저 하늘의 기척에 낡은 귀를 기울이곤 하셨다 방충망, 깔때기, 냄비 꼭지, 총채, 소쿠리, 바가지, 빨래집게 (…중략…) // 그리도 속 썩이던 딸이 트럭 운전수가 되어 희망의 바퀴를 몰고 계절 위를 씽씽 달리고

있다 아버지와 내가 머무는 그곳이 바로 우리들 유랑부녀의 새 보금자리, 트럭으로 길어 올리던 그날 치 행복이 바람길 따라 펄럭거린다 아버지의 만물상 트럭이 환해졌다, 푸르렀다, 아무 수식이 섞이지 않은

—「아버지의 만물상 트럭」 부분

② 수백 년 그대로 물결 논 모양 따라 농부와 소가 발을 맞춘다 워— 이랴— 욕심 없는 써레질 속에서 벼 한 톨이 여물어 간다 자칫 한눈팔다가 천 길 바다 아래로 떨어질 소와 농부의 동행이 해풍을 맞으며 단단한 고리로 이어진다 한 다랑이라도 더 만들어 살아 보려고 울 아배의 아비와 어매의 어미는 손바닥만한 땅을 일구어 내셨다 바다 발치부터 산의 칠부 능선까지 108계단 굽이치는 산비알에서 밥 한 그릇은 경전이었다 (…중략…) "하모, 목심보다 더 찔긴 게 어디 있노? 한 번 살제, 딱 한 번뿐이다 아이가?" 해마다 밥무덤에 햇밥을 묻어 두시던 어매도 이제 우두커니 하늘 밥무덤이 되셨다

—「하늘 밥무덤」 부분

이 두 편의 시에는 이러한 실존의 위기 극복과 생의 의미를 발견하려는 노력이 구체적으로 제시되어 관심을 환기한다. 한마디로 말해서 그것을 노동 가치의 발견과 대지 사상의 한 발현으로 파악해 볼 수 있지 않을까 한다.

먼저 시집의 표제시이기도 한 시 ①은 삶이란 과연 어디에 그 의미와 가치가 놓여질 수 있는가 하는데 대한 성찰을 보여준다. 그것은 한 트럭 행상 부녀의 삶을 위한 노력으로 제시

된다. 트럭에 온갖 잡동사니 생활용품들을 싣고 떠도는 이 부녀의 모습은 그대로 오늘날 뿌리 없이 살아가는 수많은 사람들의 실존의 한 표상이자 자화상에 해당하는 것으로 이해되기 때문이다. "희망의 바퀴를 몰고 계절 위를 씽씽 달리고 있다 아버지와 내가 머무는 그곳이 바로 우리들 유랑부녀의 새 보금자리"와 같이 삶이란 '나 있는 곳이 내 집' 이며, '내 마음 머무는 곳이 내 고향' 이라는 확실한 실존의식으로 제시돼 있다는 점에서 그러하다. 아울러 "트럭으로 길어 올리던 그날 치 행복이 바람길 따라 펄럭인다"라는 구절처럼 삶의 의미를 스스로 부여하고 있는 것이다.

무엇보다도 이 시는 "아버지의 만물상 트럭이 환해졌다, 푸르렀다, 아무 수식이 섞이지 않은"이라는 결구 속에 그 핵심이 놓여진다. 삶의 의미는 희망의 발견이고 행복의 추구에 놓이지만, 그것은 살기 위한 노력으로서 노동 가치에 대한 발견과 확신이며 그에 대한 노력에서 구체적으로 현현된다. 그렇다! 삶의 의미는 주어진 운명을 사랑하는 일이며, 그것은 노동 가치의 발견과 구현을 통해 획득 되어질 수 있다. 노동은 현실적으로는 살기 위해서 하는 일이지만, 근본적으로는 생명 가치의 구현을 위한 본질 행위에 해당하기 때문이다. 노동을 통해서 인간은 삶의 현실적 수단을 확보하는 동시에 존재의 보람과 의미를 구체화할 수 있기 때문이다. 바로 이 점에서 문현미의 시가 단순히 관념을 노래하지 않고 삶의 본질 가치에 대한 탐구의 노력을 보여 주는 동시에 시로서의 건강성을 확보할 수 있는 것으로 판단된다.

시 ②는 농민의 시각을 통해 삶의 의미 발견과 가치화를 시도하고 있어 관심을 환기한다. "한 다랑이라도 더 만들어 살아 보려고 울 아배의 아비와 울 어매의 어미는 손바닥만한 땅을 일구어 내셨다"라는 구절 속에는 이러한 이 땅 역사와 삶의 바탕으로서 농민들의 삶을 향한 어기찬 분투와 눈물겨운 헌신이 담겨 있기 때문이다. 무엇보다도 "바다 발치부터 산의 칠부 능선까지 108계단 굽이치는 산비알에서 밥 한 그릇은 경전이었다"라는 핵심 구절은 노동의 결과로서 '밥' 이야말로 삶의 구체적인 의미이자 가치에 해당한다는 점을 분명히 해 준다. 아울러 "해마다 밥무덤에 햇밥을 묻어 두시던 어매도 이제는 우두커니 하늘 밥무덤이 되셨다"라는 결구 속에는 바로 밥이 삶이며 죽음이자 하늘이라는 밥의 시학이 형상화되어 있는 것으로 해석되기 때문이다.

이처럼 노동 가치의 발견과 확신, 그리고 밥의 의미에 대한 소중한 깨달음이야말로 문현미의 시가 시적 설득력을 견인해 내는 근본동력으로 작용하는 것으로 이해된다.

말끔하게 마당질한 알곡에
언틀먼틀 불거진 한 생의 부스러기를 섞는다

표정 없는 일상의 손에 휘둘려 농부의 피살이
땀과 눈물과 애간장이 부옇게 씻겨 나간다

살아 있는 자음과 모음의 배반을 꿈꾸며
먼지 풀풀 날리는 하루를 지탱해 줄 밥솥 안으로

땅의 경전을 집어 넣는다

작은 우주 안에서 불, 물고문을 견디며
기꺼이 우리들의 더운 피가 되어 주는
한 톨의 쌀

나도 누군가의 입 안에서 달콤하게 씹힐
저녁 밥 한 끼라도 될 수 있다면

—「쌀에서 살까지의 거리」 전문

노동의 결과로 얻은 한 톨의 쌀, 그것은 바로 '땅의 경전'이 아니겠는가? 땅은 농민의 노동에 의해 한 톨 벼로 태어나며, 그것은 쌀이 되고 밥이 되어 마침내 우리를 살려 주는, 살아갈 수 있게 해 주는 생명의 원동력이 되기 때문이다. 그러니 쌀이, 밥이 바로 삶이고 죽음이 아니고 그 무엇이겠는가? 그러기에 "작은 우주 안에서 불, 물고문을 견디며/ 기꺼이 우리들의 더운 피가 되어 주는/ 한 톨의 쌀" 이야말로 생의 '경전' 이 될 수 있다는 뜻이다.

바로 이 점에서 쌀에서 살이 탄생하고, 피가 되어 삶을 가능케 해 준다는 논리가 형성되며 바로 삶은 노동이고 밥이 될 수밖에 없는 것이 자명해진다. 또한 여기에서 시집 제목 '아버지의 만물상 트럭' 이 던져 주는 노동 가치와 밥의 철학에 대한 재발견 및 의미 부여가 보다 능동적으로 해석될 수 있게 됨은 물론이다.

3. 사랑, 삶의 또 다른 이름

삶이 노동이고 그것이 밥이 된다면 그러한 '밥'이 상징하는 바는 과연 무엇일까? 쌀이 밥이 되고 마침내 우리 몸의 살이 되고 피가 되어 돈다는 것, 그 원천적인 힘을 사랑이라 불러 볼 수는 없을 것인가.

초록과 연초록 사이로
힐끗 계절이 스쳐 지나갈 때

저 푸르름으로 반짝이는
눈부신 누군가를 만나고 싶다

몇 그램의 바람과
몇 그램의 햇살과
그리고 몇 그램의 순정으로

빛나는 꽃의 순간을 숨 가쁘게 꿈꾸며
아름다운 기억의 성을 쌓고 싶다

너와 나의 안쪽이 바람의 속도로 만나서
찔레 향기 머무는 눈빛의 사랑을 노래하고 싶다

살아 있음이 아무 죄가 되지 않는 이런 날에는
맹목의 황홀한 죄 하나 짓고 싶다

—「사랑이 읽히다」 전문

불현듯,
눈발 흩날리는 서늘한 그날에

겨울 길목을 건너온 청빛 바람이
빠른 십육분음표를 찍고 있다

첫사랑 풋풋한 속살에
환한 통증이 느린 음조로 번지고

순님이 핏방울 움찔거리며 뜨겁게
바투바투 조바심을 내는데

목젖 타오르는 어느 눈먼 순간에
모두었던 속울음 마지막 고백처럼 쏟아 낸다

먼저 사랑하고
목숨의 결대로 끝까지 사랑하라!고

가장 빛날 때 툭— 내려놓는
쓸쓸하게 찬란한

붉은 우주의 소멸이여

—「동백에 들다」 전문

땅을 살아 움직이게 하는 것, 대지에 호흡과 맥박을 불어넣음으로써 삼라만상을 살아 움직이게 하는 노동 그것은 바로 우주에너지 그것이 아니겠는가. 마찬가지로 인간을 대지에 뿌리내리고 목숨 붙여 살아 나아가게 하는 원동력은 우주에너지로서 바로 사랑의 힘, 그것이 아닌가 하는 말이다. 산천초목도 해와 달이 상징하는 우주에너지가 기운 생동해야 날로 푸르러 가듯이 인간의 삶, 사회 역사도 해와 달빛으로서 사랑이 있어야만 싹트고 자라며 꽃피고 열매 맺어 갈 수 있는 법이기 때문이다.

앞의 시가 그렇다. 계절이 초록으로 빛나고 푸른 녹음으로 출렁이는 아름다운 시절이면 "저 푸르름으로 반짝이는/ 눈부신 누군가를 만나고 싶"은 것이며, "빛나는 꽃의 순간을 숨가쁘게 꿈꾸며/ 아름다운 기억의 성을 쌓고 싶"은 것이 사람의 성정이자 본능적인 욕망이다. 그럴 때면 "너와 나의 안쪽이 바람의 속도로 만나서/ 찔레 향기 머무는 눈빛의 사랑을 노래하고 싶"은 것, 즉 사랑을 갈망하고 동경하고 지향하게 마련인 것이다. "살아 있음이 아무 죄가 되지 않는 이런 날에는/ 맹목의 황홀한 죄 하나 짓고 싶다"라는 안타까운 사랑의 갈망과 염원이 솟구칠 수밖에 없는 것이 자명한 생명의 원리이기 때문이다.

뒤의 시도 마찬가지다. 대지의 순환, 지구의 변화 원리에 있어 해와 달이 우주에너지로서 작용하는 것처럼 인간의 삶에 있어서는 사랑이 생의 원리이자 목숨 법칙으로 작용하는 것이 분명하다. "먼저 사랑하고/ 목숨의 결대로 끝까지 사랑하라!"는 전언은 "찬란한// 붉은 우주의 소멸이여"라는 결구와 결합되어 사랑의 소중함과 그 아름다움을 노래하는 것으로 해석되기 때문이다.

사랑amor의 어원적 의미가 무엇이던가? 사랑은 스스로를 힘차게 하고 동시에 다른 사람을 밝고 따뜻하게 해 주는 생의 원동력이 아니던가. 그 어원이 '죽음에 대한 항거' 이자 '살아남으려는 노력' 이라고 하는 데서 찾을 수 있다. 인간은 이 태양에너지, 우주에너지로서 사랑을 태워서 스스로의 생명에너지를 만들어 내고 다른 사랑을, 세상을, 역사를 뜨겁게 달구어 감으로써 사회가, 인류가, 역사가, 바람직한 방향으로 나아갈 수 있게 만들어 주는 힘으로 작용하는 것이다. 그러니까 산다는 것, 살아 있다는 것은 바로 사랑하고 있는 것, 사랑하려 꿈틀거리는 일에 다름 아닌 것이 된다.

아무것도 모르고 사랑했다
서로 사랑하라는 말씀대로 그렇게 처음에는

알 듯 모를 듯 사랑했다
짧고 부드러운 털이 거뭇거뭇 자라나고
스스로 부끄러웠던 그때에는

가까운 누군가가 한없이 먼 그대로 느껴지는 날
이브의 사과가 그리도 붉고 달콤하였고
첫 키스의 순간은
깊고도 날카로운 미래를 오래 남겼다

시간의 바퀴가 계절의 바람을 서둘러 앞서 갈 무렵
거칠고 빠른 세상의 타법대로 그저 사랑하고, 사랑했다
초서체의 눈빛이 껍질 몸의 전부가 될 때까지

하루가 추사의 세한도 속 배경이 된 지금
신께서 주신 빛나는 언약의 길을 따라
은밀한 가운데 다만 사랑의 배후를 찾고 있다

내 영혼의 잉걸불은 아직 타오르는 중……

—「생에 대한 현장 르포」 전문

이 시에서도 볼 수 있듯이 사랑은 "내 영혼의 잉걸불"로서 목숨이 붙어 있는 한 타올라야 하는, 타오를 수밖에 없는 생의 원동력이자 추진력에 해당한다. 사람이 자신에 눈뜨고 사람과 만나고 세상을 배워 가는 모든 과정은 바로 사랑에 눈뜨고 사랑을 배우고 길러 가는 과정 그 자체에 해당하기 때문이다.

사랑은 생명을 태어나게 하고, 자라게 하며, 꽃피우고 열매 맺게 한다는 점에서 사랑은 삶의 원인이고, 과정이며, 결과로서 의미를 지니고 가치를 구현해 가는 것이다.

그런데 여기에서는 "아무것도 모르고 사랑했다/ 서로 사랑하라는 말씀대로 그렇게 처음에는"이라는 첫 연에서 보듯이 사랑이 단지 인간사의 차원에서 비롯된다기보다 우주 만물을 움직이는 섭리와 은총으로서 크고 거대한 힘에 의해 지도되고 인도된다는 함의를 내포하여 관심을 환기한다. 그것은 아마도 뒤에서 논의하겠지만 하나님의 크신 섭리, 가르침으로서 사랑의 은혜와 실천 원리를 지시하고 있는 게 아닌가 생각된다.

사랑은 문현미 시학에서 그 비로솜이자, 과정이고, 목표이자 결과에 해당된다는 뜻이 될 수 있겠다.

4. 신성사, 저 높은 곳을 향하여

문현미 시의 원천으로 작용하는 것은 기독교 정신과 신앙심이라 할 수 있다. 그의 시편들에는 예수 그리스도 하나님의 섭리와 은총을 노래하면서 그 속에서 진정한 삶의 길, 신앙의 길을 발견하려는 지속적인 노력이 나타나기 때문이다

귀한 하루를 살아가는 것은
당신과의 지극한 교감입니다

날마다 당신의 하늘을 바라보다가
부지런한 걸음을 멈추는 그때가 오면
살아 있지 않아도 살고 있는 것입니다

매운 바람 불고 흙먼지 날리는 지상에서
가까스로 갈대 목숨을 이어 가는 것은
그래도 누군가를 사랑하기 때문이고
내 사랑의 처음을 열어 주신
당신이 계시기 때문입니다

사랑하면서 느끼는 맑고 깊은 비밀은

삶과 죽음의 모든 통로가
당신의 손길에서 빚어지는
정금 같은 축복의 길이라는 것을

—「고백」 전문

이 시는 절대자로서 신, '당신' 이 나에게 있어서 삶의 시작이며 그 목표가 된다는 간절한 신앙고백을 바탕으로 전개된다. '당신' 으로서 예수 그리스도 주 하나님은 생명을 주시고 삶에 용기와 사랑, 힘을 불어넣어 주며 소망을 일깨워 주시는 크나큰 힘이자 정신적 원동력이 된다는 점을 고백하면서 하나님과의 친화와 교감이 '나' 를 존재하게 해 주고 마침내 삶의 완성과 구원으로 이끌어 주는 절대적인 힘이라는 점을 강조하고 있는 것이다. "매운 바람 불고 흙먼지 날리는 지상에서/ 가까스로 갈대 목숨을 이어 가는 것은/ 그래도 누군가를 사랑하기 때문이고/ 내 사랑의 처음을 열어 주신/ 당신이 계시기 때문입니다"라는 구절 속에는 '나' 와 '당신' 의 친화와 교감 속에서 나와 당신은 하나로 화합, 통일될 수 있고, 마침내 정신의 행복과 구원을 얻는다는 깨달음을 담고 있다. 삶의 의미와 존재를 새삼 발견하는 과정에서 신을 체현하는 신앙적 희열이 담겨 있다는 뜻이다.

아울러 이 시 속에서 기독교 사상의 한 핵심이라 할 섭리사관과 은총의 사관이 압축 · 집약됨으로써 신앙고백의 차원을 넘어서 신성사에 대한 찬양과 숭모로 이어지고 있음을 본다. 시인에게 있어 하나님에게의 귀의, 신앙에의 길은 단순히 운명론에 순응하는 것이 아니라 오히려 그 안에서 자유에 의 길, 구원에의 길로 나아감을 의미하는 것으로 이해된다. "사랑하면서 느끼는 맑고 깊은 비밀은/ 삶과 죽음의 모든 통로가/ 당신의 손길에서 빚어지는/ 정금 같은 축복의 길이라는 것을"이라는 결구에는 신을 통해서 삶과 사랑의 의미를 다시 깨닫고 그것이 보다 완전한 구원과 행복, 자유와 평화의 길로 나아가는 길이라는 점을 확신하는 내용이 담겨 있는 것으로 해석되기 때문이다. 종교와 신앙을 통해서 시인은 마침내 삶의 진정한 의미와 가치를 재발견하게 된다는 뜻이라고 하겠다.

시작도 없고 끝도 없네
넓고 넓은 그곳에는

눈부신 고요의 기러기 가족들
첫 은유의 날개로
미완의 후렴구를 가물가물 남기네

수천만 년 숨은 이야기를
푸른 문장으로 쏟아 내는

멀고 먼 그곳에는

세상에 없는 사랑이 있네
세상이 모르는 질서가 있네

―「하늘 그림」 전문

신께서 내려주신
더없이 숭고한 상징인 듯
시든 영혼 선혈로 흐르는 새벽에
눈을 뜬다, 번쩍!

—「아버지의 힘」 전문

'그렇게 멀고 먼 그곳'으로서 하나님의 나라에는 "시작도 없고 끝도 없"으며 "세상에 없는 사랑이 있"고 "세상이 모르는 질서가 있"는 정신의 구원과 영원의 세계가 펼쳐지고 있는 것이다.

따라서 시인은 "신께서 내려주신/ 더없이 숭고한 상징인 듯/ 시든 영혼 선혈로 흐르는 새벽에/ 눈을 뜬다, 번쩍!"이라는 신앙적 개안과 함께 영성의 위대함에 대한 진정한 깨침을 체현하게 된다. 시인은 시와 신앙을 통해서 마침내 하나님께 이르게 되고 영원한 생명에의 길, 은혜로운 구원에의 길로 나아가게 된다는 뜻이 되겠다.

앞으로 문 시인의 시세계가 이러한 신에 대한 감사와 기도, 찬양과 은총, 고백과 참회로 더욱 넓어지고 깊어져 갈 때 새로운 생명력을 심화해 가고 보다 넓은 지평을 열어 갈 것으로 기대된다는 점에서 우리는 앞으로 그의 행보를 지켜볼 일이다. 단순한 신앙고백의 차원을 넘어서 신을 경배하고 찬양하면서 신성사의 높고 넓고 깊은 세계로 나아감으로써 그의 시세계가 내용적 확충과 사상적 심화를 획득해 갈 것으로 판단되기 때문이다.

5. 엄마, 그리고 아가라는 생명의 키워드

그렇다면 문현미 시의 시발점과 궁극적인 지향점은 과연 무엇이며 어디에 놓일까? 그것을 한마디로 엄마와 아기가 표상하는 생명 사랑 또는 사랑과 평화의 철학이라고 말해 볼 수는 없을 것인가.

> 무릎 꿇고 오랜 기도를 하였다, 처음으로
> 눈부신 눈물을 흘렸다, 처음으로
> 가슴이 쪼개지는 소리를 처음 들었다
> 너로 인해 엄마라는 말의 축복을
> 새벽처럼 깨달았다, 깊고도 넓구나!
>
> —「첫 고백」 전문

> 언제나 도란도란 양지 밭이었는데
>
> 지금 네가 떠난 우리 집에서
> 죄 없는 사랑을 배우기 시작한다
>
> 같은 하늘 아래
> 같이 숨을 쉬고 있다니
> 휘파람 걸음으로 천 리를 가겠다
>
> 너를 꿈꾸고 있으면
> 가도 가도 어린 시절 소풍날인데
>
> 너, 어디서 듣고 있는 거니?

여린 꽃잎보다 어여쁜 딸아이야

—「혼잣말처럼」 전문

인용 시편들을 보면 문현미 시의 근원에는 '엄마' 가 상징하는 사랑과 평화의 세계가 자리해 있고, 그 목표점에는 '아가' 가 표상하는 생명과 희망의 세계가 놓여 있다.

시 ①에서 "처음으로/ 가슴이 쪼개지는 소리를 처음 들었다/ 너로 인해 엄마라는 말의 축복을/ 새벽처럼 깨달았다, 깊고도 넓구나!" 라는 구절 속에는 이러한 생명에 대한 경이와 찬탄, 사랑과 평화에 대한 외경과 찬미가 담겨 있는 것으로 해석되기 때문이다.

시 ②도 마찬가지다. "언제나 도란도란 양지 밭이었는데// 지금 네가 떠난 우리 집에서/ 죄 없는 사랑을 배우기 시작한다// 같은 하늘 아래/ 같이 숨을 쉬고 있다니/ 휘파람 걸음으로 천 리를 가겠다// (…중략…)/ 여린 꽃잎보다 어여쁜 딸아이야" 라는 구절 속에는 생명의 경이와 축복, 그리고 그러한 생명을 탄생하게 하고 자라게 하는 힘으로서 사랑과 평화의 세계가 고요하고 아름답게 물결치고 있는 것이다.

그렇다! 문현미 시의 출발점은 생명이고 사랑이며, 궁극적인 도달점은 평화와 행복이다. 말하자면 문현미 시는 생명의 시학이고, 사랑의 시학이며 그러기에 평화의 시학을 지향한다고 요약할 수 있다. 그만큼 그의 시편들은 근원적인 면에서 기독교 사상에 바탕을 둔 생명 사상과 사랑의 실천에 뿌리를 두고 있으며, 궁극적으로는 평화의 철학과 구원 사상에 지향

점을 두고 있다는 뜻이 되겠다.

그래서 그런지 봄이 오는 길목에서 문 시인의 좋은 시 한 편이 향그러이 가슴을 울려 준다.

곡우 내리는 봄날
그 속에 너 있다

파릇파릇 돋아나는 새순의
연둣빛 그 속에 너의 눈망울 있다

봄 향기 자욱한 바람 편지 속에
반가운 소식인 듯 들려오는 너

그 목소리 속에 나 젖어 있다
너 없는 빈 방의 메아리처럼

—「눈먼 편지」 전문